私の家はお寺です。

お寺には本堂《ほんどう》という大きな建物があって、

中に仏さまのお木像《もくぞう》が安置されています。

子どもの頃の私には、この仏さまが、

なんとも不思議な存在でした。

こちらから話しかけても、木でできているので、もちろん、

ひとこともしゃべってくれません。

それなのに、お寺に来られる人たちは、

まるで話をするかのように、

お念仏①をとなえたり、お経を上②げたりされます。

ただじっと立っているだけなのに、

みんなはうやうやしく手を合わせて頭を下げ、

礼拝《らいはい》されるのです。

「生きているような？　でも、生きているとは思えない？」——

仏さまは、いったい何ものなのでしょうか？

私のおばあちゃん。
84歳のときです
〈自坊の座敷で〉

その声は、やっぱり
仏さまとお話している
ようでした。

子ども時代の「仏さまの思い出」を語るときに、
忘れてはならない人がいます。
それは、いっしょに住んでいたおばあちゃんです。
おばあちゃんはどちらかというとのんびり屋さんで、
何をするにも動きがゆっくりなのです。
それで、私はよくいたずらをしたものでした。
たとえば、日向《ひなた》ぼっこしているおばあちゃんのうしろから
そっと近づき、頭をさわって、さっとかくれるのです。
当然、おばあちゃんはなにかついたような気がして
頭に手をやり、同時にうしろをふりかえります。
しかし、だれも見つけることができず、
別にかわったようすもないので、ただキョトンとするばかりです。
そのしぐさがおもしろくて、何回もいたずらしたものでした。
そんなおばあちゃんでしたが、本堂の仏さまに「会っている」ときだけは、
なぜか生き生きとしていて、たのもしく感じられたのです。
また、本堂だけでなく、居間にいるときも、
廊下《ろうか》を歩いているときも、どんな場所でも、
おばあちゃんは「ナンマンダブッ、ナンマンダブッ、…」と、
いつもお念仏をとなえていました。
その声は、やっぱり仏さまとお話しているようでした。

昭和33年当時の家族写真。
左から2人目が筆者。
その右隣がおばあちゃん

おばあちゃんが亡くなって、四十年がたちます。
でも、記憶がうすれるどころか、私の心の中では、
おばあちゃんの存在がだんだんと大きくなっているのです。
思うようにならずイライラしているときとか、自信をなくして落ち込んでいるときとか、
いろいろと悩んでいるときとかに、仏さまに手を合わせているおばあちゃんの姿が浮かんでくるのです。
そして、そのやさしい顔が私をなぐさめ、その安らいだ表情が、
りきんでいた私をホッとした気分にかえさせてくれるのでした――。

おばあちゃんが会っていた仏さまに、私も会いたいと、すなおに思いました。
木でつくられた「物」としての仏さまではなく、「心」で感じる仏さまに……。
思いは年とともにつのり、お釈迦さまという仏さま[3]がおられたインドに行けば、
仏さまをより身近に感じられるかもしれないと思ったのです。
お釈迦さまは二千五百年も前の方ですが、きっと今もインドの人びとの生活の中に、また風景の中に、
仏さまのおもかげをしのばせる何かがあるに違いない――
そんな思いにかられて、インドへ出かけたのでした。

にぎやかな通りを象が
行きます
〈オールドデリー〉

街中を行く象を追いかけて
前から撮りました
〈オールドデリー〉

メイン・バザールは
人と車でごった返しています
〈ニューデリー〉

インドの街は、人、人、人であふれていました。
彫《ほ》りの深い人、丸顔の人、やせた人、おおがらな人、
さまざまな姿かたちの人たちが通りを行き来しています。
道ばたでは、少年がチャイという温かい紅茶を売っています。
道をそうじしているおばさんの姿をあちこちで見かけました。
歩道にある井戸で水をくむ親子にも出会いました。
雨季④に訪れたときには、雨水でからだを洗っている女の人に出くわしたこともありました。

また、道沿いの大きな木には神さまをおまつりするほこら⑤があって、花やローソクが供えられています。
牛、犬、ヤギといった動物も人びとに混じって歩いています。
女性は、サリーというカラフルな民族衣装を着ている人が多く、
男性は半そでシャツにズボンが一般的でしょうか……。
街中《まちなか》でも、たいていの人はサンダルをはいています。はだしの人もいるくらいです。
暑いからなのでしょうが、もう一つの理由は、道路も土をかぶっていて、
ほこりっぽいからだと思いました。素足なら、すぐに洗えるでしょう?

メイン・バザールの人ごみ
〈ニューデリー〉

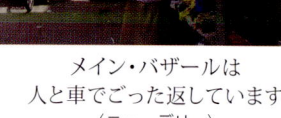

しゃれた服装で
さっそうと道を行く女子大生
〈クシナガル〉

パパイアを売る青年
〈アウランガバード〉

橋の歩道で
とうもろこしを売る女性と子ども
〈ヴァラナシー〉

雨水を気持ちよさそうに浴びながら
身体を洗う老婆
〈コルカタ〉

井戸水を汲む父と子。
飲み水は貴重ですが
私たち日本人が飲むと
お腹を下します
〈コルカタ〉

お供えのお菓子を売る少女
〈ヴァラナシー〉

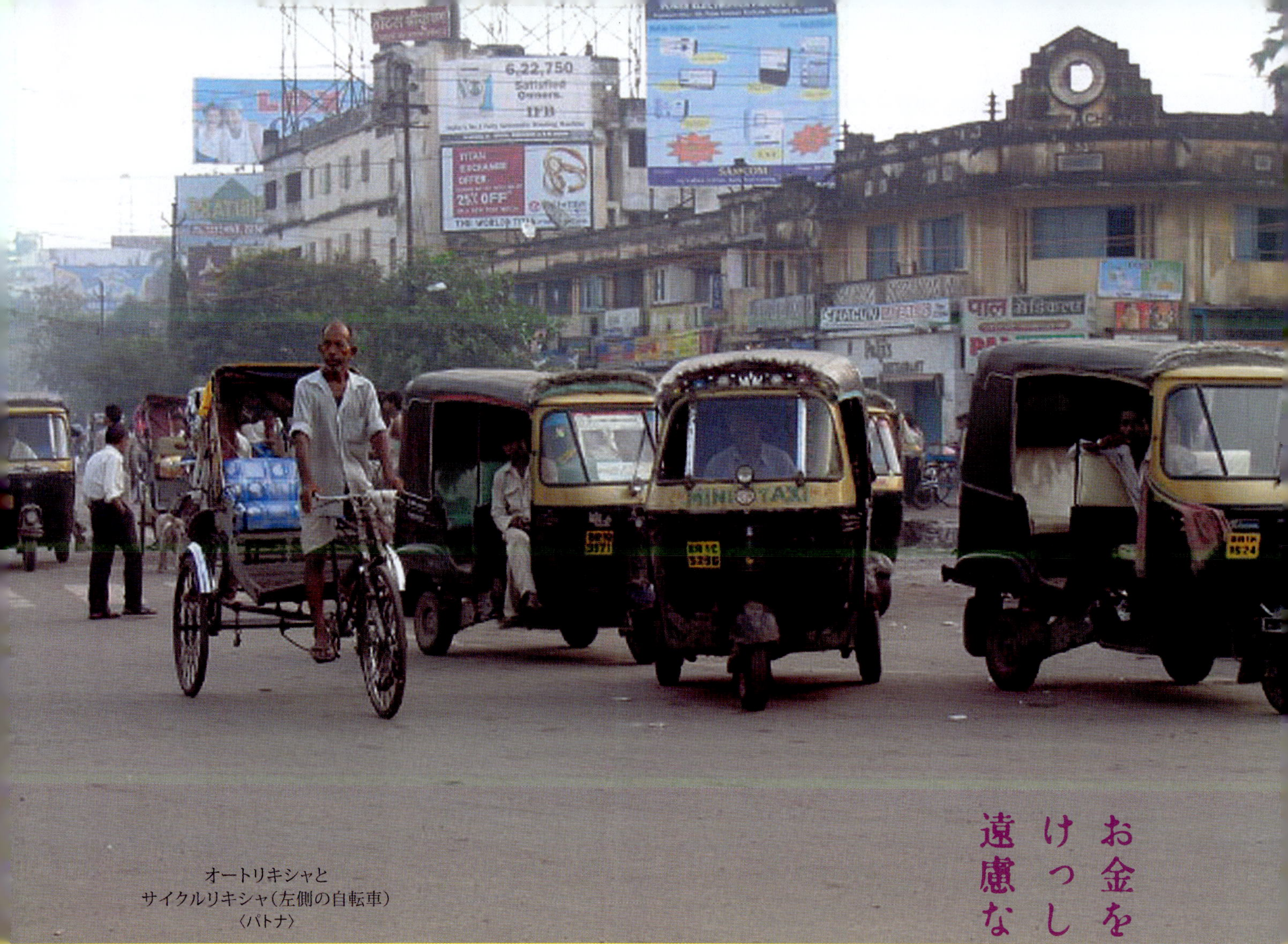

オートリキシャと
サイクルリキシャ（左側の自転車）
〈パトナ〉

お金をかせぐためなら、けっして遠慮なんかしません。

街にはまた、さまざまな乗り物がひしめき合い、
さかんにけいてきを鳴らして走っています。
乗客用としては、バスのほかに、日本にあるようなタクシーから、
オートリキシャといわれる三輪タクシー、
自転車のうしろにシートを付けたサイクルリキシャという人力車まであります。
駅前でひとり立っていると、何人かの運転手さんが寄ってきて、
「どこまで行くんだい？」「オレの車に乗れ、安くしておくよ！」と、熱心に声をかけてきます。
お金をかせぐためなら、けっして遠慮なんかしません。
どこへ行くのか、いくらの料金なら乗っていいのか、
こちらの思いをはっきりさせて強い調子で伝えなければ、
つい向こうのペースに乗せられ、あげくのはて、
高い料金を払わされることになります。
「しっかりしなければ……」と、
思わず気を引きしめました。

路地でも
牛が歩いていました
〈ヴァラナシー〉

いろんな
車がひしめき合う
〈ムンバイ〉

オートリキシャと運転手さん。この運転手さんは温和で親切な人でした。
念のため！〈チェンナイ〉

街中の理髪店。にぎわっていました
〈マハーラシュトラ州ブサヴァル〉

小さな街の
交通手段はサイクルリキシャ
〈国境の町・ソノウリ〉

ジープ型のミニバス。
屋根も人と荷物でいっぱい
〈ビハール州ラージギル〉

土と、汗と、動物のフンと、
ゴミとが混じり合ってかもし出される独特のにおいは、
おそらく、お釈迦さまの時代にもあったことでしょう。
それに、今は車の排気ガスが加わりました。
でも、「自分たちの人生を自分たちのやり方で、精いっぱい生きている」
そのすがたは、今も昔もかわっていないように感じられました。

大きな木の根元に作られたほこらにお供えする男性
〈ヴァラナシー〉

サンダルの修理屋さん
〈ネパールとの国境の町・ソノウリ〉

お釈迦さまがさとりを開かれ[6]、仏さまとなられた場所に行ってみました。
ブッダガヤ[7]というところです。
この名にもある「ブッダ」というのは、漢字で「仏陀」と書き、
「真実に目覚めた人」という意味です。つまり仏さまのことです。
お釈迦さまは、人間としてはじめて、ものごとの本当のすがたを理解し、
身につけられたので(それを「さとり」といいます)、仏さまと呼ばれるようになったのです。
仏さまは、自分だけでなく、他の人びとをも真実に目覚めさせようとはたらかれている、といわれます。
さとりを開かれたところには大きな菩提樹《ぼだいじゅ》の木があって、まわりを石の柵《さく》が囲んでいました。
中は一段高くなっていて、奥にはお釈迦さまがすわっておられた台座(金剛座《こんごうざ》といいます)がありました。
黄色やだいだい色の花がいっぱい飾られています。
菩提樹のまわりでは世界各地から訪れた仏教徒が、それぞれの思いで
仏さまを礼拝していました。

真実に目覚めた人

お釈迦さまがさとりを開かれた場に建つ
マハーボディー寺の仏塔
〈ブッダガヤ〉

お釈迦さまがさとられた菩提樹に
向きあって瞑想する僧
〈ブッダガヤのマハーボディー寺〉

菩提樹の周りを金色の布で巻き
花が供えられていました
〈ブッダガヤのマハーボディー寺〉

私は、中の壇に入って、ふだんよくお勤めしている『阿弥陀経[8]』というお経を上げることにしました。
日本から、亡くなった家族の法名《ほうみょう》(仏教徒としての名前)を記した用紙を持っていっていました。
おばあちゃんの法名も記してあります。
それを、お釈迦さまの台座の前に置いて、お勤めしたのです。

お経を上げていると、だんだんと心が集中してきて、自分の声なのに、
仏さまが、この私に語られているように感じられてきました。
こんな感覚はめったに起こることではありません。
きっと、念願がかなって、五千キロ以上離れたこの場に来ることができたという充実感からなのでしょう。
それに、インドに行きたいと願いながらついに来れずに亡くなった父や、
来ること自体考えもしなかったけれど、
もし来れたらどんなに喜んだであろうと想像できるおばあちゃんのことを思って、
よけいに心が高まっていたのかもしれません。

香水に花を入れたコップがたくさん
供えられています
〈ブッダガヤのマハーボディー寺〉

「時間よ、止まれ！」

お釈迦さまが
さとりを開かれたときのようすを
かたちにした仏像
〈ブッダガヤのマハーボディー寺〉

やがて、お釈迦さまが
実際に私の目の前にすわっておられるような気がしてきました。
次いで、おばあちゃんも現れて、
私のお勤めを静かに聴いてくれています。……
仏さまやおばあちゃんらに囲まれて、心地よい気分にひたっているとき、
真ん前の菩提樹の幹の間から、リスがそっと顔をのぞかせました。
幹から枝へ、枝から枝へ、顔をのぞかせては、かくれます。
まるで、リスもお経のリズムに合わせて、踊っているようでした。
このまま「時間よ、止まれ！」と叫びたくなりました。

のどかなインドの農村風景。
遠方に見えるのは
前正覚山《ぜんしょうかくざん》
〈ブッダガヤの向いにあるセーナ村〉

人骨に交じって
鳥のたまごが三つ
産みつけられていました
〈ブッダガヤのネーランジャラー川〉

お釈迦さまが水浴びされたというネーランジャラー川[9]を歩いていると、
人の骨があちこちに放置してあるのを見つけました。乾季だったので川に水はありません。
しかし、「なぜ川に人骨があるの?」と思ったすぐあと、
この川がガンジス河[10]という大きな河に合流することに気づきました。
やがて雨季になると、これらの骨は、流れはじめた水とともにガンジス河へ運ばれることでしょう。
聖なる川といわれるガンジス河に遺骨を流すと、死後、幸せになれる――
インドの人びとの多くはそう信じていたのでした。
川で火葬した後も、骨をそのままにしているのは、ガンジス河に流すためだったのです。
たまたま目をやった人骨には、鳥の卵が三つ産《う》みつけられていました。
人のいのちの終わりと、鳥のいのちのはじまりが一つになっている――
いのちのつながりを感じさせる光景がネーランジャラー川の川底にありました。

ガンジス河で沐浴すると、
幸せになれると信じ、
多くの人びとがやってきます
〈ヴァラナシー〉

数キロにわたって
ガート（階段状の河岸）は続いています
〈ヴァラナシー〉

ガンジス河で
沐浴するためにやってきた男性。
修行の本でも読んでいるのでしょうか？
〈ヴァラナシー〉

インドの人たちは、生と死がとなり合わせにあり、
死が身近なものであるということを、
きっと生活の中で感じ取られているのでしょう。
ネーランジャラー川の人骨もそうでしたが、
ガンジス河の本流が流れるヴァラナシー[11]では、
そのことがよりはっきりとわかります。

ヴァラナシーでも
一番よく人びとが集まる
ダシャーシュワメード・ガート

「見世物じゃないぞ!」

ヴァラナシーの路地裏。
死を待つ人びとの
宿泊施設もあります

家族の遺体を
運んできたと思われる車。
河岸で火葬して帰るところのようです
〈ヴァラナシー〉

ヴァラナシーのガンジス河岸の火葬場、マニカルニカ・ガートには、
毎日、遠近各地から、次々と遺体が運ばれてきます。
そして、そこで火葬にされ、すぐ前のガンジス河に遺骨（遺灰）が流されるのです。
遺体を積んだまきが勢いよく燃え、白いけむりが上がっていました。
近づいてみると、男の人が二人、しゃがみこんで、燃えているところをじっと見つめています。
さらに近寄ると、グッとにらみつけられました。
「見世物じゃないぞ！」──目はそう語っているようでした。
でも、申しわけないと思いながらも、人生の大切な勉強をさせてもらっているのだという思いから、
立ち去らず、見続けることにしました。
男の人たちは燃える遺体を見守りながら、目には涙をためていたのです。
後で聞くと、遺体はその男の人たちの母親だったそうです。
ごまかすことなく、肉親の死をしっかりと見届けるのです。
それはつらい営みといえるでしょう。
しかし「悲しくても、それが生きるということだ」と、
その男の人たちに教えてもらったような気がします。

朝日を浴びながら
ガンジス河で体を洗う人びと
〈ヴァラナシー〉

火葬場のマニカルニカ・ガート。
とがった屋根の建物はシヴァ寺院で
そこにある永遠の火で
遺体を焼きます
〈ヴァラナシー〉

まだ生きているのに、死が近づくと、
家族をともなってヴァラナシーにやってくる人たちもいます。
死がいつ訪れてもよいように、身と心をととのえるためです。
死後の幸福を夢見て、心安らかに「その日」を待つのです。
そうした死を待つ人たちのための
アパートや宿泊施設が町じゅうにあります。
人口百万を超える大都会のヴァラナシーは、実は
火葬場から発展した町だったのです。

路上のひげそり屋さん
〈ヴァラナシー〉

路地で大きな牛と人間の子どもが
何やら語らっているようです
〈ヴァラナシー〉

死が身近だといっても、旅行者の私にとって、街中の路上で、
死体を見るというのは衝撃的です。
ビハール州の州都・パトナの駅でのことでした。
それも、たった二十四時間余りの間に、三人もの死体に出会ったのですから……。
一人目は、まだ夜が明けきらぬ早朝のことでした。
駅舎出口の階段に、片足をかけて横たわったまま動かない男の人がいました。
寝ているのかもしれないと思い、しばらくようすを見ていると、
その視線に気づいた通りすがりの男性が、私に向って悲しそうな表情で首を横にふったのです。
大きな駅なので、夜明け前とはいえ、たくさんの人びとが駅舎を行き来しています。
その階段で人が死んでいたのです。
しかし、通り過ぎるだれ一人として立ち止まることもなければ、救急車を呼ぶわけでもありません。
死体が放置されたまま、大勢の人たちが通り過ぎている現実に、私はどうしてよいかわかりません。
結局、なにもできずに立ち去ったのでした。

二人目は、次の朝、パトナ駅から出発する列車に乗るために、
サイクルリキシャで駅前に着いたときのことです。
リキシャを降りた、その真ん前に女性の死体が横たわっていました。
思わずけつまずくところでした。
だれかが水をかけたのでしょう、死体はぬれていましたが、動かなかったようです。
このときも、リキシャの運転手さんは私に、ふり向かずにさっさと行くようにと、手でうながしたのでした。

三人目は、その数分後、キップを買い、橋を渡ってプラットホームに降りたところで、
今度はあお向けになった男の人の死体に出会いました。
半開きになったひとみに、ハエがたかっていたので、それとわかりました。

私の人生は
ただひとり
私自身が歩むのです。

人間の死体に出会った
パトナ駅

プラットホームのようす
〈ビハール州ムガールシャリフ駅〉

これら三人の方がたは、だれにも看《み》とられず、そばで悲しむ者さえなく、
ただひとり、息を引きとったのです。
生きていたことを記憶にとどめる人がひとりもいないかもしれません。
なんと孤独で、さびしく、あわれなことでしょうか。
私は僧侶ですから、人の死に接することは多いのですが、
そこにはかならず、看とる人がいて、悲しむ人がいます。
そして、死者のことを思って、手を合わせる人がいるのです。
そうしたつながりがないままの死は、やはり衝撃でした。
しかし、よくよく考えてみれば、大勢の人たちに見守られながらであっても、
「死」は、本来的に自分一人のできごとです。一人で迎えるべき性質のものです。
そして例外なく、すべての人に訪れるものなのです。
お経の中に「ひとり生まれ、ひとり死し、ひとり去り、ひとり来る⑫」という言葉があります。
私の人生はただひとり私自身が歩むのです。
その上で、だれもが「老いて、病気になり、死を迎え」なければなりません。
こうした避《さ》けることのできない苦しみが人生にはあるということを、
三人の死体は、無言で語ってくれていたのかもしれません。
実は、お釈迦さまは、その苦しみの根本を取り除くために
仏さまになってくださったのでした。
仏さまの願いが少し、見えてきたようです。

岩のかたちが
鷲に似ているところから
この山は霊鷲山と
呼ばれています
〈ラージギル〉

「今あるいのちをどう思っているか？」

お釈迦さまがよく滞在された場所に行ってみました。

昔、王舎城《おうしゃじょう》といわれたラージギルという町と、祇園精舎《ぎおんしょうじゃ》⑭で有名なサラーヴァスティという村です。

ラージギルでは、お釈迦さまがよく説法⑮されたグリッダクータ山（霊鷲山《りょうじゅせん》）にのぼりました。

夜明け前に徒歩でふもとを出発し、山頂に着く頃に空が白みはじめました。

お釈迦さまが説法されたところにはレンガ積みの建物跡があって、そこでもお勤めをしました。

周囲の山々は木々でおおわれています。朝のすがすがしい空気は静けさを際立たせます。

一瞬、小鳥がさえずりました。あとはまた静けさがもどります。

静寂の中、お勤めの声にのって、仏さまが私に問われます。

「今あるいのちをどう思っているか？」

「いのちを十分に生かしているか？」――と。

私は日ごろの不摂生《ふせっせい》がはずかしくて、答えることができませんでした。

しかし、そぼくに、今ここにいること、

そして、この世界に生きていることの不思議を、思わずにおれませんでした。

山頂から周囲を眺めると
木々の緑におおわれています。
登ってきた路も
白い筋となって見えます
〈ラージギル〉

「いのちを十分に生かしているか？」

ラージギルの庶民の足は
タンガーと呼ばれる馬車です

こちらもほうきを持ってお掃除です
〈ラージギル〉

頭にまきを載せて……

「あっちへ行け!」

アーナンダ菩提樹と呼ばれる
遺跡内でも特に大きな木
〈祇園精舎跡〉

サラーヴァスティの祇園精舎跡には、
お釈迦さまが住んでおられた建物跡のほか、
『阿弥陀経』をお説きになられたところや、
お弟子たちの住まい、沐浴のための池、
散歩されたところなどが残っています。
ここでも、いろんな国の僧侶や仏教徒の方が来られ、
お参りされていました。
清らかで落ち着いた空気に満ちた精舎跡は、
仏さまが目の前に姿を現し、すぐ横を歩かれても、
少しもおかしくはない雰囲気でした。

すがすがしい気持ちになって、遺跡の外に出たのはよかったのですが、
すぐに情況が一変しました。
前方の道路わきで、子どもを含めた数人の人びとが群がり、
ゴソゴソと騒がしくしているのが目に入りました。
よく見ると、捨てられたゴミ袋を破りながら、食べられるものはないか、
必死にさがしているところだったのです。

お釈迦さまのお住まいとされるお堂跡で
私もお勤めしました。
犬が隅っこで寝ているなんて
知りませんでした
〈祇園精舎跡〉

お釈迦さまを象徴する仏塔に
金ぱくを押して供養する
信者さんたち
〈祇園精舎跡〉

お釈迦さまがおられた当時は
多くの僧がこの池に
身を浸したことでしょう
〈祇園精舎跡〉

貧しさの現状を目の当たりにした私は、その場を足早に通り過ぎ、
再び戻ってきたときには、スナック菓子を持っていました。
子どもたちにも分けてあげようと、沿道の露店で買ってきたのでした。
さっそく私のお菓子を子どもたちが見つけました。一粒二粒とあげているうちに、
どこから現れたのか、予想をはるかに超える大勢の子どもたちが集まってきたのです。
そして、われ先にと次々に手を伸ばしてきました。とてもみんなに行きわたる分量はありません。
それに、私の言うことなど聞いてもくれません。ただお菓子だけがめあてなのです。
私はだんだんと自分の顔が引きつってくるのを感じました。
そして、とうとう怒鳴ったのです。
「あっちへ行け！」——。
私は自分自身がなさけなくなりました。
善意と思ってやったことなのに、結果は、うぬぼれでしかなかったからです。
「子どもたちが喜んでくれたらいい」と思っていたはずなのに、
「自分のことしか考えず、言うことを聞かない子どもたちが、憎たらしい！」にかわったのです。
すぐとなりの精舎跡では、仏さまを身近に感じ、心が豊かになったような気分だったのに、
場面がかわれば、コロッと心境がかわるのです。
善と悪、好きと嫌い、愛と憎しみ……、私たちはそれらにこだわり生きています。
ところが、ときと場所によって、あるいは自分の都合によって、そのこだわりは、
いとも簡単にくずれ、かわってしまうようです。
人生のおぼつかなさを痛感させられました。
その夜、道に面したお寺で泊まった私は、
あの子たちのことが気になって、
なかなか眠れませんでした。

祇園精舎跡の前の
道路脇に捨てられたゴミを
分別する人たち
〈サラーヴァスティ〉

牛車

どの動物も皆、
堂々としている

舎衛城跡を歩む牛。
農作業を終えて帰るところのようです
〈サラーヴァスティ〉

農作業を終えて帰る農家の人たち。
子牛も連れていました
〈サラーヴァスティ〉

羊の群れも
街中を行きます
〈ウッタル・プラデーシュ州ラクノウ〉

インド各地を歩いてみて、つくづく感心することがあります。
それは、どの動物も皆、堂々としていることです。
まるで自分も人間であるかのように、動物たちはふるまっているのです。
サラーヴァスティの舎《しゃ》衛《え》城《じょう》跡《あと》[16]へ続く道で出会ったヤギたちもそうでした。
土盛りされた城壁跡にいた私の方に向かって、数十匹のヤギさんが小走りに近づいてきました。
飼い主らしき男の人は、後ろからのんびりついてきています。
ヤギたちは急いでどこへ行くのかと思えば、なんと城壁のところまできて、
くぼんだ穴に頭を突っ込み、土を食べはじめたのです。
みんな思い思いに好きなかっこうで食べています。
土にミネラルが含まれていて、それが身体によいことをヤギたちはちゃんと知っているのでしょう。
それを飼い主から与えられるのではなく、自分の判断で食べているのが、おどろきです。
家畜は人間が育てるという発想はここでは通じません。自分たちで育つのです。
だから、ヤギたちは生き生きしていたのでした。
道路の真ん中で寝そべっている犬でも、「何か文句あるか？」といわんばかりに偉そうにしています。
くさりをつけた犬には一度もお目にかかりませんでした。牛もいたるところにたむろしています。
ヴァラナシーの街かどでは、花売りのおばさんとにらめっこしていましたし、
パトナの道ばたでは、女性といっしょに、
ゴミの中から使えそうな物（?）をさがしていました。

牛も人間と同じように
捨てられたゴミの中から使えるものが
ないかどうか探しています
〈パトナ〉

あるとき、私の乗った車が道路で
しばらく動けなくなったことがありました。
大勢の牛たちが道路で休んでいたからでした。
ふつうなら、けいてきを鳴らして
牛たちを移動させるのでしょうが、運転手さんは、
牛が自分から動き出すまで待ったのでした。
牛の休みたい気持ちが、運転手さんにも通じたのでしょう。
同じ目の高さで動物を見ているのを感じました。
インドでは、動物はペットではありません。人間も動物も、ともにいのちを持つもの同士であり、
お互いにその存在を認め合う仲なのです。
だから、動物たちは「人間のいのちだけが尊いのではないぞ！」といわんばかりに、
堂々としていたのでした。
さまざまな異なるいのちがあって、それらがともにたくましく生きている——
ここに、私はいのちのきずなと、ぬくもりを感じたのでした。
仏さまの願いは、人間だけではなく、
「すべての生きとし生けるもの」にそそがれていると説かれています。
その仏さまの心が今に受けつがれていたのでした。

舎衛城の土塁で休んでいると、ヤギの集団がやってきました
〈サラーヴァスティ〉

土の穴に頭を突っ込み食べるヤギたち
〈サラーヴァスティ〉

圧倒的な数の牛たちが行く手をふさぎます
〈マハーラシュトラ州〉

インドでは、動物はペットではありません。

私たちに「会うため」に出てこられた

お釈迦さまの涅槃像の前で
お勤めしました
〈クシナガル〉

お釈迦さまが八十歳でその生涯を閉じられたクシナガルという村に行きました。
お亡くなりになった[17]ところには、りっぱなお堂が立っていて、
中に、長さ六メートルの横たわられたお釈迦さまのお像(「涅槃像《ねはんぞう》」といいます)が安置されていました。
すぐそばまで近寄ることができたので、お像のうしろにまわって、
そっと肩ごしにお釈迦さまのお顔をのぞいてみました。
もちろん、お仏像にこんなに近くまで接近するのははじめてです。
親しみがわいてきて、二千五百年のときを超え、お釈迦さまの体温が伝わってくるようです。
まるで、やさしいおじいちゃんに接しているかのようです。

実は、このお像は、長い間、姿をお見せになりませんでした。
今から千五百年以上も前に造られたものだそうですが、つい百年余り前に発見されるまで、
ずっと、近くの川底に埋もれていたというのです。

お釈迦さまのお像を
ご安置する涅槃堂
〈クシナガル〉

肩越しに
お釈迦さまのお顔を
のぞいてみると……
〈クシナガル〉

私は、それを知って、きっと仏さまは、私たちに「会うため」に出てこられたのだと思いました。
というのも、最近の人びとは、私も含めて、
ソワソワ、イライラ、ゆったりと落ち着くこともなく、悩み苦しむ人たちがあまりに多いので、
じっとしておれなかったのではないでしょうか。そんな気がしたのです。

「私はけっして消えてなくなってしまったわけではないよ。
姿は見えなくなっても、心と願いはなくなったわけではないんだ。
いつもみんなのことは願い続けているよ。一人ひとりのいのちは、
たくさんのいのちにつながっていて、人は皆、それらのいのちに包まれて生きているんだよ。
どんなときもそのことを忘れないで生きることが大切だよ」と、
声なき声で語りかけてくださっているかのようでした。
そのことが言いたくて、「出てこられた」と思いました。

ラーマ・バール仏塔

仏さまの心の温もりにようやくふれた

この川底から
1500年前の涅槃像が
出てこられました
〈クシナガル〉

かたちを超えて、願い続けてくださっている──
それは、ときには、おばあちゃんのおもかげとなって、またいろんな人たちの行動や、
動物のしぐさや、自然の営みとなって、この私に告げてくださっていたのかもしれません。

お釈迦さまの火葬場だったところに立つラーマ・バールという塔を訪れました。
ちょうど、朝日が昇ってくるところでした。やわらかな光と、そのぬくもりが全身を包み込みます。
私がここで朝日に出会ったのは、たった一日だけのことです。
しかし、お釈迦さまは二千五百年の間、毎日毎日途切れることなく、
この朝日のようにやわらかな心の光を私たちにかけ続けてくださっていたのだと、改めて思いました。
仏さまの心の温《ぬく》もりにようやくふれたように感じたのです。

次の日、私は国境を越えて、ネパールのルンビニに行きました。
お釈迦さまがお生まれになったところです。
お母さまのお名前のついた
マーヤ堂という白い建物の内部に、
ご誕生のようすをかたどった
浮彫《うきぼり》があります。

お釈迦さまがご誕生になった場所に
建つマーヤ堂
〈ネパールのルンビニ〉

マーヤ堂に向かってていねいな
礼拝を繰り返す青年僧
〈ネパールのルンビニ〉

見学した後、屋上に上ってみました。
中央の部屋には閉められた窓があり、好奇心からのぞいてみたくなりました。
胸ぐらいの高さだったので、窓をこじ開け？
背伸びしてのぞきこむと、ちょうど真下に先ほど見た浮彫があったのです。
思わず「やった！」と叫びました。
なぜだか見れたのがうれしかったのです。

「ぼくにも
のぞかせてよ！」

マーヤ堂の屋上の窓から内部を
のぞきこむ小僧さん。
手助けしているのが私です

マーヤ夫人の誕生シーン

のぞきこんだ下には
ご誕生のようすを描いた
浮彫が見えました

ところが、その私の行動の一部始終を見ていた人たちがいました。
地元のお寺の小僧さんたちです。
顔を向けると、ニコッとはにかむように笑ってくれました。
その目は「ぼくにものぞかせてよー！」とせがんでいるようです。
「よし、抱っこしてあげるから、よーく、のぞくんだぞ！」といって、
私は二人の小さなお坊さんを持ちあげたのでした。
一人目、続いて二人目と、持ち上げてはのぞかせてあげます。
小僧さんたちは「見えた！見えた！」と大喜びです。

思わぬかたちで喜びを分かち合えた私たちでしたが、
仏さまのお心が、この小僧さんたちにも
きっと伝わっていくにちがいないと思うと、
私は、少しばかり胸があつくなりました。

二千五百年前に亡くなられたはずのお釈迦さまのお心は、
幾世代にもわたって伝えられ、
またこうした新たな世代に受けつがれていくのです。
そう思うと、子どもたちの笑顔が仏さまの笑顔に見えてきました。
こうして私は、「仏さまのふるさと」で仏さまに出会えた喜びを、
心ゆくまでかみしめたのでした。

マーヤ堂の近くで出会った地元の子どもたち。
人なつっこくてかわいい！
〈ネパールのルンビニ〉

みやげ物を売る子どもたちとネパールの小僧さんたち。
みんな仲間なのでしょうね
〈ネパールのルンビニ〉

子どもたちはどこでも親しげに接してくれました
〈上の写真はヴァイシャーリー、下はアジャンタ石窟で〉

〈右の写真は舎衛城跡、そのほかはクシナガルで〉

インド人の昼食は
ターリーという定食が定番
〈アウランガバード〉

仏教の僧侶とイスラム教徒と
ヒンドゥー教徒が顔をそろえました
〈アウランガバード〉

イスラムの女性

食堂でいただいた私の昼食。
幾種類かのカレーが入ったターリーという定食です

こんなかっこうでインドを
めぐりました！
〈デリーのホテルで〉

インド全図

カラコルム山脈
アフガニスタン
ジャムー・カシミール州
ヒマーチャルプラデーシュ州
パンジャブ州
パキスタン
ハリアナ州
デリー
ウッタラーカンド州
ネパール
エベレスト
シッキム州
ブータン
ルンビニ
ウッタル・プラデーシュ州
サラーヴァスティ
クシナガル
ヴァイシャーリー
アッサム州
ラクノウ
ビハール州
メガラヤ州
インダス川
ラージャスタン州
サールナート
パトナ
ガンジス川
ヴァラナシー
ラージギル
ブッダガヤ
バングラデシュ
マディヤ・プラディシュ州
ジャールカーン州
西ベンガル州
グジャラート州
コルカタ
トリプラ州
カチャワル半島
ナルマダ川
チャティスガール州
マハラシュトラ州
カンベイ湾
オリッサ州
インド
ムンバイ(ボンベイ)
アウランガバード
ゴーダーヴァリ川
アラビア海
ハイデラバード
アンドラ・プラデシュ州
ベンガル湾
ゴア州
クリシュナ川
カルナータカ州
バンガロール
チェンナイ(マドラス)
ラクシャドウィープ諸島
タミル・ナードゥ州
イリン・ジャラクダ
ポーク海峡
ケララ州
スリランカ
35°
30°
25°
20°
15°
10°N
70°
75°
80°
85°
90°
South Asia
1:20,000,000
Lambert Azimuthal
Equal Area Projection
0 1 2 3 4cm
0 200 400 600 800km
MAPIO / Copyright©NijiX
ロシア連邦
カザフスタン
モンゴル
朝鮮民主主義人民共和国
ウズベキスタン
トルクメニスタン
キルギス
日本
大韓民国
大阪
イラン
タジキスタン
アフガニスタン
CHINA
デリー
ネパール
パキスタン
ブータン
台湾
インド
コルタカ
ミャンマー
ムンバイ
バングラディッシュ
ラオス
フィリピン
タイ
ベトナム
チェンナイ
バンコク
カンボジア
スリランカ
ブルネイ
マレーシア
東ティモール
インドネシア

語句の注釈

①お念仏
仏さまの名をとなえることです。特に阿弥陀仏の名をとなえる「南無阿弥陀仏（ナモアミダブツ）」が有名です。阿弥陀仏とは、永遠のいのちをお持ちの仏さまで、すべての人びとをお浄土という仏さまの国に生まれさせて、その悩みや苦しみを取り除こうと、はたらいておられる仏さまです。お念仏をとなえるのは、その阿弥陀仏のはたらきに包まれることです。

②お経を上げる
お経は仏さまの教えが説かれているもので、それを、声を出して読むことです。仏さまをたたえる行為の一つであり、「お勤めする」ともいいます。

③お釈迦さま、仏さま
仏さまとは、真実になられた方という意味で、特定の人をさすわけではありません。お釈迦さまは、その仏さまのお一人なのです。しかし、人間としてこの世に生まれられた方で、仏さまになられた方は、お釈迦さまだけだと考えられていますので、お釈迦さまを単に仏さまと呼ぶ場合もあります。
他にもさまざまな名の仏さまがおられます。阿弥陀仏もそうですし、病気の苦しみから解き放してくださる薬師仏とか、お釈迦さまの次にこの世に現れて、人びとの苦悩を救ってくださるという弥勒仏とかが有名です。真実のはたらきにはさまざまなかたちがあると考えられますので、仏さまも無数におられるといえます。この真実からのはたらきを強調する場合には、仏さまのことを如来さまと表現します。

④雨季／乾季
赤道近くの気温の高いところでは、寒い冬はなく、一年を雨のよく降る季節と雨が少なく乾燥する季節とに分けられます。雨のよく降る季節を雨季、少ない季節を乾季と呼びます。インドの雨季はだいたい六月から九月頃、乾季は十一月から二月頃です。

⑤ほこら
漢字で「祠」と書きます。神さまをおまつりする小屋のことです。インドでは道路脇の大きな木のもとに、ほこらがあることが多いのですが、これは、大きな木が日光をさえぎって暑さをやわらげ、人びとにいこいの場を提供したり、強い生命力を感じさせたりすることから、そこに神さまがおられると信じてきました。インドの人たちは、あらゆる自然の営みの中に神さまを見ておられるのです。「神さま」たちの多くは、人びとの間で語りつがれてきた民話などに登場しますが、それらが統合、吸収されてヒンドゥー教の神さまになったり、仏教の守り神になったりしました。もともとの「樹の神さま」に、ヤクシャ＝男神、ヤクシー＝女神がおられます。

⑥さとりを開く
さとりとは、ほんとうのこと、真理ということです。これまでわからなかった真理がわかり、自分も真理にかなうようになることを「さとりを開く」といいます。つまり、仏さまになることをいいます。

⑦ブッダガヤ
ビハール州の主要都市・ガヤの南方、十数キロのところにあります。

⑧『阿弥陀経』
お釈迦さまが、すべての人びとを阿弥陀仏の浄土に生まれさせようと、皆に念仏することを勧めたお経です。

⑨ネーランジャラー川
ブッダガヤを流れる川で、お釈迦さまがさとりを開かれる前に、水浴びをされた川です。漢字で記されたお経には「尼連禅河」と書かれています。お釈迦さまがここで水浴びをされたのは、それまで行なっていた苦行(体を無理に痛めつける修行方法の一つ)では、さとりを開くことができないと判断して、中止されたからでした。痛めた体を水浴びでいやされ、スジャータという村の娘さんがさし出した乳がゆの供養を受けて断食を終えられたお釈迦さまは、体力を回復されるとともに、心も充実し、さとりへの最終段階に入られたのでした。そういう意味で、ネーランジャラー川での水浴びと乳がゆ供養は、お釈迦さまのおさとりにとって、重要な出来事だったのです。

⑩ガンジス河
インドの北部を流れる大河で、インド人の生活、文化に深く関わり、宗教的にもあがめられている川です。

⑪ヴァラナシー
ウッタル・プラデーシュ州にある古い都市で、英語名では「ベナレス」といいます。ガンジス河の流れがここでいったん東から北向きに変わるのですが、北にはガンジス河の水源でもあり、神々のふるさとでもあるヒマラヤがそびえたち、その方向が眺められるため、宗教的に大切にされている聖地です。

⑫ひとり生まれ……
「浄土三部経」の一つ『無量寿経』の中に「独生独死独去独来」と説かれています。

⑬王舎城
昔、繁栄していたマガダ国の都、ラージャグリハのこと。マガダ国のビンビサーラ王はお釈迦さまを深く尊敬し、竹林精舎を寄進するなどして、仏教の発展に尽くしました。お釈迦さまもここを主な活動の場とされました。ラージャグリハは現在ラージギルと呼ばれていて、ビハール州にあります。

⑭祇園精舎
コーサラ国の祇陀(ジェータ)太子が所有していた園林を、給孤独長者(スダッタ)という商人が買い取って、お釈迦さまに寄進したところから、二人の名を取って「祇樹給孤独園」と呼ばれました。それを略して「祇園」といいます。精舎は今でいうお寺のことです。

⑮説法
さとられた中身である法(真理)を、大勢の弟子や信者を前にして、具体的な例を上げながら説かれること。たとえ話やストーリーにして語られることが多かったようです。

⑯舎衛城
マガダ国とともに、当時繁栄していたコーサラ国の都、サラーヴァスティのこと。昔の都は街全体が城壁で囲まれていました。お釈迦さまは、雨季になると、この街の郊外にある祇園精舎で、一番多く過ごされたといわれています。

⑰亡くなりに……
お釈迦さまが亡くなられることを、特に「涅槃に入る」とか「般涅槃」とか「入滅」とか、といいます。肉体を持った人間としての制約を離れて、完全に真理、真実に同化されたことを意味しており、単に存在しなくなったということではないからです。

あとがき

末本弘然

インドを訪れて感じることは、ふところの大きさです。十一億人もの人びとが、日本の約九倍の国土に暮らすというスケールの大きさもさることながら、何ものをも受け入れ、けっして崩れることのない大地のような包容力を感じさせてくれます。たとえば、デリーやコルカタといった大都会でさえ、裏通りに入れば、さまざまな動物がゆうゆうと生活しており、土の地面は独特のにおいを漂わせて、あらゆる存在をやさしく包んでいます。また、人びとはよそ者の私にも、とても友好的に接してくれます。満員の列車に乗ったときには、四人掛けの座席に五人が座っていたのですが、さらに隙間を作って座らせてくれたり、いろいろと話しかけては和やかな雰囲気を作り出してくれました。それは何も特別なことではなく、インドの人びとのごく一般的なふるまいのようでした。そんなこんなで、私は、インドの大地から柔らかさとぬくもりを感じ取っているのです。

しかし、目を日本に転じると、思わず、胸に圧迫感が生じてきます。それは、土が見えなくなって、コンクリートやアスファルトにおおわれた生活からくるのでしょうか。心までが固くなり、人と人との関係もギクシャクしているように思えてなりません。電車の中で他人同士が和やかに会話をしたり、できるだけ多くの人が座れるように協力し合う光景はめったに見られません。不信、警戒心がまず頭をよぎるのでしょう。そんな人びとが頼りにするのは、お金であり、ブランド（名の通った一流品）であり、肩書きであり、規則・きまりといったかたちです。善悪で色分けし、敵味方で色分けし、ほとんど内容を吟味することなく、受け入れるか拒絶するかの二者択一的な発想に陥りがちです。かたちにこだわり、そのかたちを単純にパターン化して、取捨選択していく人生に、心のゆとりや充実感は湧いてこないのではないでしょうか。

かたちに心を見ていくのが仏教です。別な言い方をすると、かたちと心は別物ではないということです。愛情をこめて贈られた婚約指輪は、値段で測れるものではなく、そこには溢れんばかりの願いと心が詰まっているものです。そのように、どんなものでも目には見えないけれども、無限の心のいとなみが隠されているということです。一人一人のいのちがまさにそうです。いのちをかたちだけで見ると物になってしまいます。しかし、そのいのちに無限の願いと心のはたらきが込められていることを感じたとき、人間の都合で扱うことの傲慢さ、恐れ多さに気づくことでしょう。そして、手を合わさずにはおれない心境になることでしょう。

かたちはまた、つねに変化し続けるものです。しかし、変化し続けるかたちは、そして心も、ともに網の目のようにつながっているのです。だから、いのちも過去から未来へ、一つから多数へと果てしなくつながっているといえましょう。実は、阿弥陀仏のアミダは、「量ることのできない無限のいのち」という意味なのです。そして、果てることのないこうしたつながりの仕組みを「縁起の法」といいます。

本書は、インドの大地を通して「物」の奥に隠された「心」の大切さをお伝えできればと思い上梓しました。特に、心豊かに育っていただきたい子どもさんに、また人生に深みをと思われている大人の方にも、読んでいただければ幸いです。

なお、上梓にあたり、長年の友であり、インドへも同行いただいて、写真の一部を提供してくださったカメラマンの幡谷康明氏、企画編集してくださった木越由美子氏、そして出版に至るまでのご苦労を引き受けてくださった東方出版の今東成人氏、そしていろいろと助言をいただいたトラバリー商会の皆さんに、心から御礼申し上げます。